D1442084

BIBLIOTECAS
PAVOROSAS

por Jessica Rudolph

Consultora: Ursula Bielski
Escritora e investigadora de fenómenos paranormales
Fundadora de Chicago Hauntings, Inc.

BEARPORT
PUBLISHING

New York, New York

Créditos

Cubierta, © Zacarias da Mata/Fotolia and © Vasik Olga/Shutterstock; TOC, © Elena Schweitzer/Shutterstock; 4–5, © Nagel Photography/Shutterstock, © KUCO/Shutterstock, and © Jannarong/Shutterstock; 6, © Frank C. Grace; 7, © Leen Beunens/Dreamstime and © Captblack76/Shutterstock; 8, © Carolyn Longworth/The Millicent Library; 9, © Carolyn Longworth/The Millicent Library; 10, © PRISMA ARCHIVO/Alamy; 11T, © Marques/Shutterstock; 11B, © Brigida Blasi; 12T, © MIGUEL GARCIA SAAVEDRA/Shutterstock; 12B, © Africa Studio/Shutterstock; 13, © Ppictures/Shutterstock; 14, © Alan Peterson; 15, © eldeiv/Shutterstock; 16T, © alfocome/Shutterstock; 16B, © Jordan McAlsiter; 17, © Petros Tsonis/Shutterstock and © Susan Law Cain/Shutterstock; 18, © Serg64/Shutterstock; 18BR, © B.M. Hoppe/CC BY-SA 3.0; 19, © Museum of the City of New York, USA/Bridgeman Images; 20L, © Guy Shapira/Shutterstock; 20R, © AlenKadr/Shutterstock; 21, © Nadya Lukic/iStock; 22, © Anna Kucherova/Shutterstock; 23, © Jjustas/Shutterstock.

Director editorial: Kenn Goin
Editora: J. Clark
Traductora: Eida Del Risco
Editora de español: Queta Fernandez
Director creativo: Spencer Brinker
Investigador de fotografía: Thomas Persano
Cubierta: Kim Jones

Datos de catalogación de la Biblioteca del Congreso

Names: Rudolph, Jessica, author. l Del Risco, Eida, translator. l Translation
   of: Rudolph, Jessica. Spooky libraries.
Title: Bibliotecas pavorosas / por Jessica Rudolph.
Other titles: Spooky libraries. Spanish
Description: Nueva York, Nueva York : Bearport Publishing, 2018. l Series: De
   puntillas en lugares escalofriantes l Includes bibliographical references and index.
Identifiers: LCCN 2017011840 (print) l LCCN 2017020525 (ebook) l ISBN
   9781684023998 (ebook) l ISBN 9781684023905 (library)
Subjects: LCSH: Haunted places—United States—Juvenile literature. l
   Ghosts—United States—Miscellanea—Juvenile literature. l
   Libraries—United States—Miscellanea—Juvenile literature.
Classification: LCC BF1472.U6 (ebook) l LCC BF1472.U6 R8318 2018 (print) l
   DDC 133.1/22—dc23
LC record available at https://lccn.loc.gov/2017011840

Para más información, escriba a Bearport Publishing Company, Inc., 45 West 21st Street, Suite 3B, New York, New York 10010. Impreso en los Estados Unidos de América.

10 9 8 7 6 5 4 3 2 1

CONTENIDO

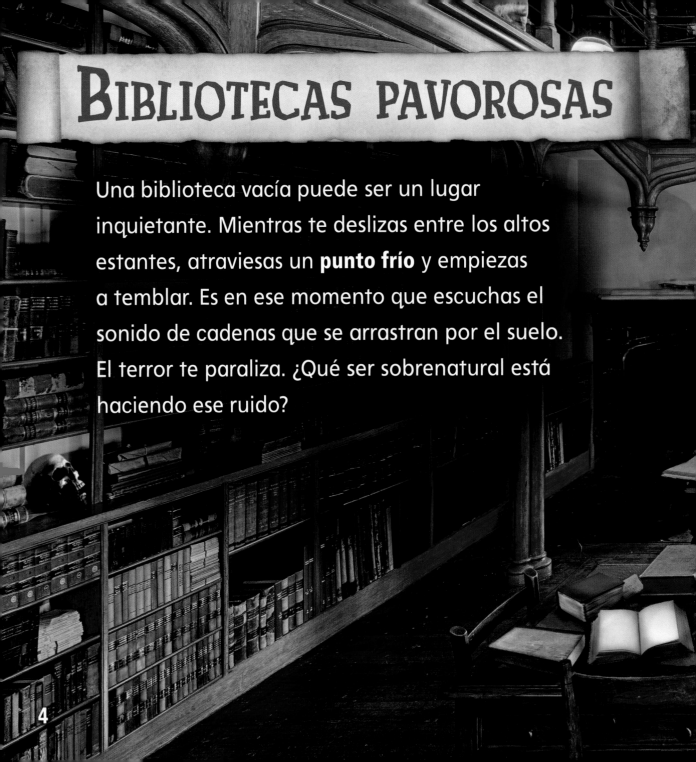

BIBLIOTECAS PAVOROSAS

Una biblioteca vacía puede ser un lugar inquietante. Mientras te deslizas entre los altos estantes, atraviesas un **punto frío** y empiezas a temblar. Es en ese momento que escuchas el sonido de cadenas que se arrastran por el suelo. El terror te paraliza. ¿Qué ser sobrenatural está haciendo ese ruido?

Prepárate para leer cuatro historias espeluznantes sobre bibliotecas pavorosas. Pasa la página… ¡si te atreves!

El Fantasma Danzante

Biblioteca Millicent, Fairhaven, Massachusetts

Hay muchas razones para creer que la biblioteca Millicent está embrujada. Algunas son inocentes y otras son aterradoras.

En 1890, Henry Huttleston Rogers construyó una biblioteca fabulosa en memoria de su hija Millicent, que había muerto de **fallo cardiaco** con solo 17 años.

Biblioteca Millicent

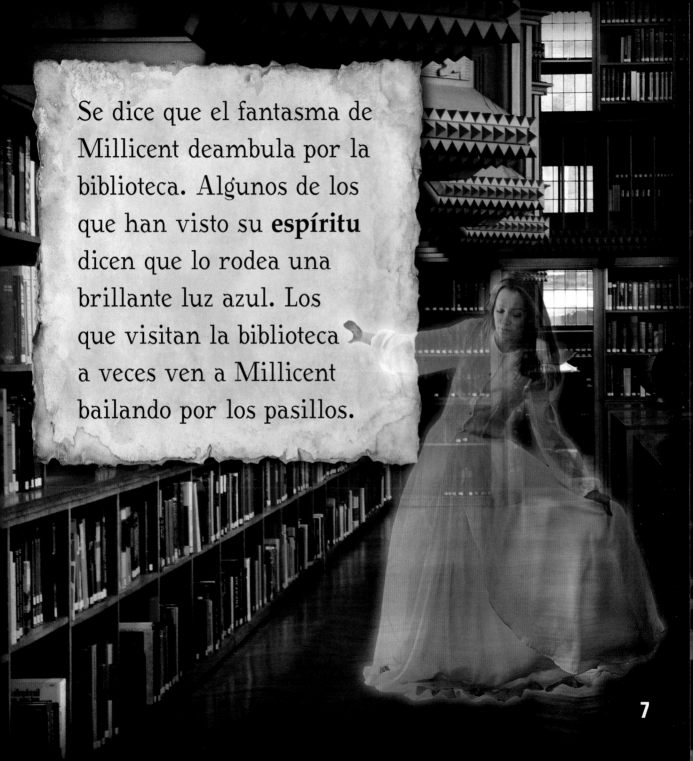

Se dice que el fantasma de Millicent deambula por la biblioteca. Algunos de los que han visto su **espíritu** dicen que lo rodea una brillante luz azul. Los que visitan la biblioteca a veces ven a Millicent bailando por los pasillos.

Puede que Millicent no sea el único fantasma de la biblioteca. En una habitación, hay cuadros de miembros de su familia ya fallecidos. Los visitantes suelen reportar **puntos fríos** cerca de los cuadros. Algunos dicen que si una persona habla directamente a un cuadro, ¡el rostro de la pintura reacciona a lo que se le dice!

Cuerpos Perturbados

Biblioteca del condado de Sweetwater,

Green River, Wyoming

En 1978, obreros de la construcción empezaron a cavar en Green River para construir una biblioteca. Sin embargo, pronto encontraron esqueletos y ataúdes en la tierra. Eran los **restos** de un antiguo **cementerio** olvidado del siglo XIX.

El ataúd que sacó uno de los obreros contenía el cuerpo de un niño. El niño estaba casi perfectamente **conservado**, como una momia.

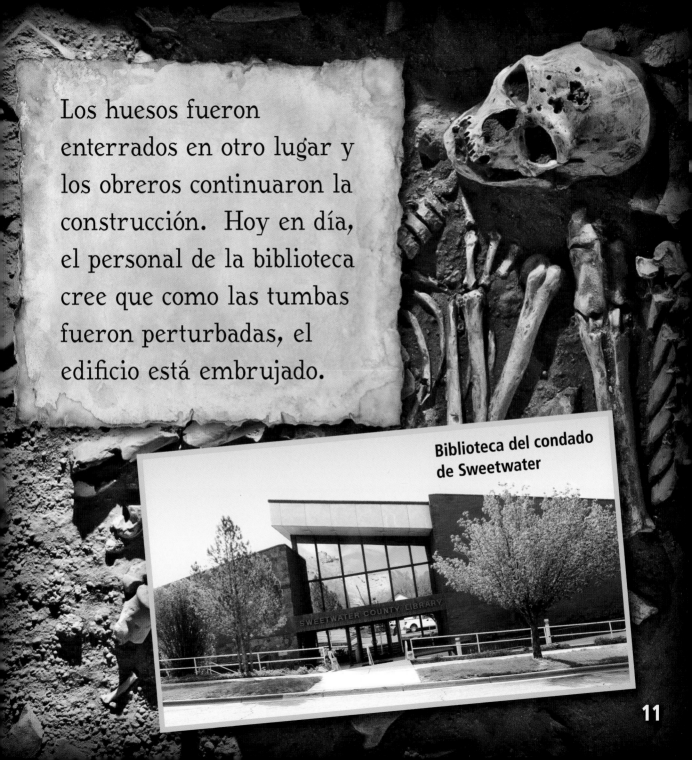

Los huesos fueron enterrados en otro lugar y los obreros continuaron la construcción. Hoy en día, el personal de la biblioteca cree que como las tumbas fueron perturbadas, el edificio está embrujado.

Biblioteca del condado de Sweetwater

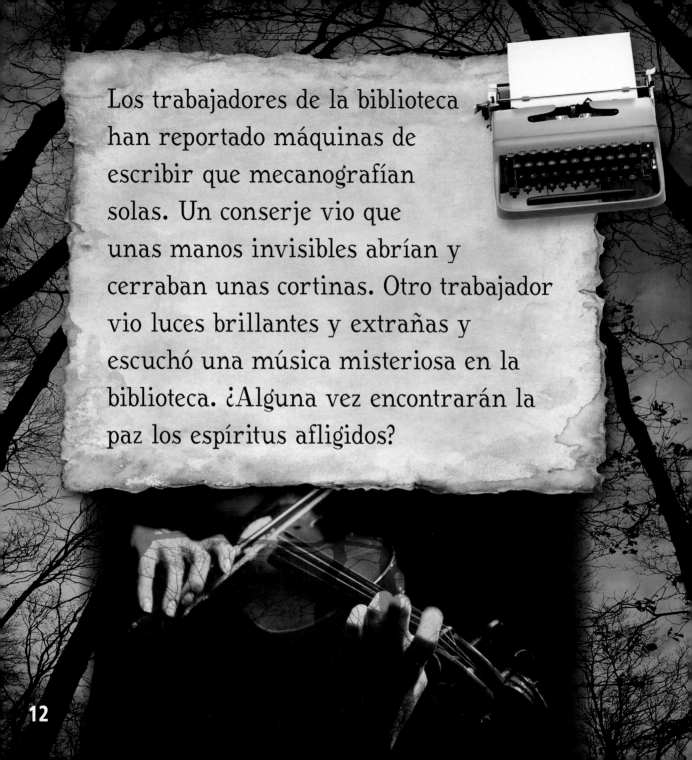

Los trabajadores de la biblioteca han reportado máquinas de escribir que mecanografían solas. Un conserje vio que unas manos invisibles abrían y cerraban unas cortinas. Otro trabajador vio luces brillantes y extrañas y escuchó una música misteriosa en la biblioteca. ¿Alguna vez encontrarán la paz los espíritus afligidos?

TIERRA MALDITA

Biblioteca pública de Peoria, Peoria, Illinois

En 1830, Mary Gray vivía en una casita en Peoria. Cuando no pudo pagar más sus facturas, le quitaron la casa. Furiosa, **maldijo** la tierra donde estaba construida su casa. Décadas más tarde, la ciudad construyó una biblioteca en el sitio donde Mary había vivido.

Biblioteca pública de Peoria

Poco después, empezaron a suceder cosas malas. En 1915, el primer director de la biblioteca fue atropellado por un **tranvía** y murió. Los dos directores siguientes también sufrieron muertes horribles.

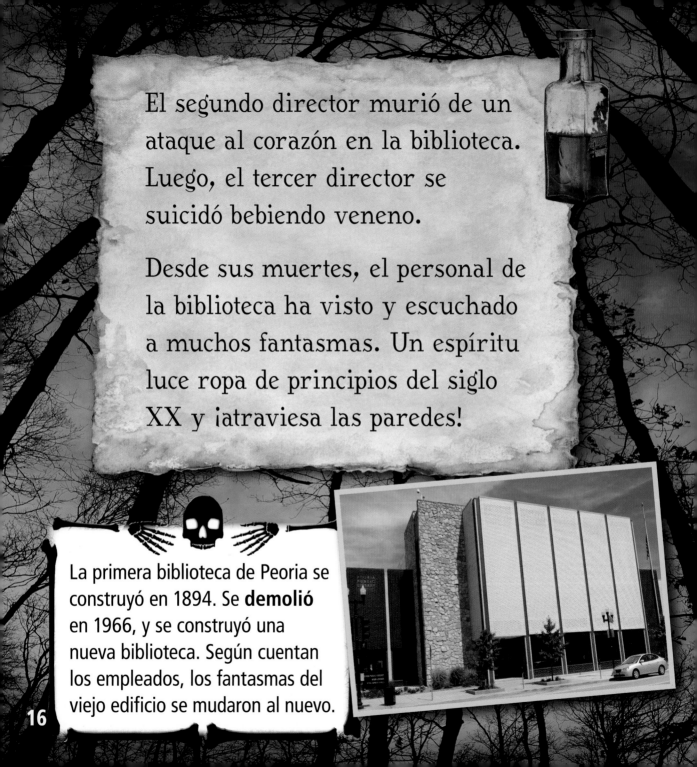

El segundo director murió de un ataque al corazón en la biblioteca. Luego, el tercer director se suicidó bebiendo veneno.

Desde sus muertes, el personal de la biblioteca ha visto y escuchado a muchos fantasmas. Un espíritu luce ropa de principios del siglo XX y ¡atraviesa las paredes!

La primera biblioteca de Peoria se construyó en 1894. Se **demolió** en 1966, y se construyó una nueva biblioteca. Según cuentan los empleados, los fantasmas del viejo edificio se mudaron al nuevo.

En llamas

Biblioteca Memorial Blanche Skiff Ross, Nevada, Misuri

En la década de 1860, un fuego terrible asoló el pueblo de Nevada. Mucha gente sufrió quemaduras y murió después en el hospital. El hospital fue demolido y, en su lugar, se construyó una biblioteca universitaria. Se dice que la biblioteca es el hogar de muchos fantasmas.

Algunos creen que la biblioteca está maldita por el terrible incendio.

Biblioteca Memorial Blanche Skiff Ross

Uno de los fantasmas de la biblioteca
es Madame Blitz. Ella fue la maestra
de música de la universidad. En 1904,
se suicidó bebiendo ácido. Hoy en
día, algunos estudiantes dicen que la
escuchan tocar música en la biblioteca.

El fantasma más famoso de la biblioteca es Vera Neitzert. Vera estudiaba en la universidad en la década de 1920. Una noche, cuando estaba cocinando, su ropón se incendió y murió a causa de las graves quemaduras. Hoy en día, su fantasma recorre los **pasillos**, tumbando pilas de libros. Algunos visitantes dicen que huelen a quemado justo antes de que aparezca el fantasma.

Bibliotecas pavorosas
de Estados Unidos

Biblioteca del Condado de Sweetwater

Green River, Wyoming

Visita la biblioteca construida encima de un antiguo cementerio olvidado.

Biblioteca Pública de Peoria

Peoria, Illinois

¡Aprende sobre la terrible maldición de esta biblioteca!

Biblioteca Millicent

Fairhaven, Massachusetts

Visita esta biblioteca nombrada por su residente fantasmal.

Biblioteca Memorial Blanche Skiff Ross

Nevada, Missuri

Visita una biblioteca embrujada con un pasado horroroso.

AMÉRICA DEL NORTE

EUROPA

ASIA

océano Atlántico

ÁFRICA

océano Pacífico

océano Pacífico

AMÉRICA DEL SUR

océano Índico

AUSTRALIA

océano Atlántico

N

O   E

S

océano Antártico

ANTÁRTIDA

GLOSARIO

cementerio área de tierra donde se entierra a los muertos

cimientos base de piedra, concreto u otro material que aguanta un edificio

conservado que se mantiene en buenas condiciones

demolió se derribó, se echó abajo

espíritu criatura sobrenatural, como un fantasma

fallo cardiaco cuando el corazón para de funcionar correctamente, conduciendo con frecuencia a la muerte

maldijo echó maldición contra alguien o algo

pasillos corredores entre los estantes de libros

puntos fríos áreas pequeñas donde el aire se siente más frío y que se cree que se deben a la presencia de fantasmas

restos lo que queda de un cuerpo después de la muerte

tranvía vehículo de pasajeros que corre sobre rieles en las calles de una ciudad

Índice

Lee más

Butler, Dori Hillestad. *The Haunted Library.* Nueva York: Grosset & Dunlap (2014).

Phillips, Dee. *Fright at the Freemont Library (Cold Whispers II).* Nueva York: Bearport (2017).

Aprende más en línea

Para aprender más sobre bibliotecas pavorosas, visita:
www.bearportpublishing.com/Tiptoe

Acerca de la autora

Jessica Rudolph es una escritora y editora de Connecticut. Le encanta visitar su biblioteca local… por el día, cuando los fantasmas están menos activos.